Dreißigjähriger Krieg

Geschichte für Einsteiger

Umstände, Verlauf und Auswirkungen des Dreißigjährigen Krieges und der lange Weg zum Frieden

Markus Neustedt

INHALT

Das erwartet Sie in diesem Buch

Dunkle Wolken werfen einen Schatten über das Europa des 17. Jahrhunderts und färben den Kontinent in einen dunklen Nebel. Als sie ausbrechen, rollt eine Sintflut aus Blut und Schweiß über die Länder, zerstört Landschaften und vernichtet ganze Städte. Noch nie zuvor hat es einen erbarmungsloseren Krieg in der Geschichte Europas gegeben. Zwischen Staatsbildung und Religionskonflikten werden Soldaten in den sicheren Tod geschickt und Dörfer dem Erdboden gleich gemacht. Aber wie gut kennen wir die Umstände, unter denen Europa in die Katastrophe getragen wird? Wie ergeht es den Menschen, die unmittelbar von den Auswirkungen des Krieges betroffen sind?

Das Grauen beginnt mit einer Revolution, die die Vormachtstellung der Habsburger in Mitteleuropa erschüttert. Mehr und mehr Nationen verwickeln sich in das Gewirr aus Rachegelüsten und Loyalitätsverpflichtungen. Das neu aufgekommene Militärunternehmen macht die Kriegsführung zu einer lukrativen Angelegenheit für Fürsten und Herzöge. Mit den Schlachten verblasst die Hemmschwelle vor Brutalität und Zerstörungswahn. Als sich die katholischen Truppen vor den Stadtmauern einer evangelischen Hochburg versammeln, bahnt sich ein vernichtender Massenmord an. Und als sich dann noch Frankreich und Spanien den Krieg erklären, droht das Überleben der Bevölkerung, ins Wanken zu geraten.

Was aber geschieht mit den Menschen, die nicht in die Schlacht ziehen? Die von Armut geplagte Bevölkerung muss sich einem ungewöhnlichen Feind stellen: ihre eigene Nation. Von den schrecklichen Verbrechen an den Frauen in den

Dörfern berichten Zeugnisse aus vergangenen Tagen. Bauern verlieren im Angesicht des Kriegs mehr, als sie besitzen, und arbeiten sich fast zu Tode. Die Lage ist besonders gefährlich, als sich Krankheiten verbreiten und wieder zu den Scheiterhaufen gegriffen wird.

Der lange Weg zum Frieden ist mühsam und von Grausamkeiten gepflastert. Beinahe die Hälfte der europäischen Bevölkerung fällt dem Krieg zum Opfer. Eindrücke von ihren Lastern, den führenden Personen des Kriegs und der wichtigsten Schlachten erwarten Sie in diesem Buch.

Europas dunkler Pfad

ARMUT, HUNGER & PESTILENZ

Welches Bild haben Sie von dem Europa des 17. Jahrhunderts? Stellen Sie sich einmal vor, wie es zu einem Krieg kommen kann. Dabei erinnern Sie sich mit Sicherheit daran, dass die großen Weltkriege nicht über Nacht ausgebrochen sind, sondern auf verschiedenen Ereignissen und Konflikten der vorigen Jahre aufbauen. Im 17. Jahrhundert ist es nicht anders. Europas Weg in einen apokalyptischen Krieg beginnt schon lange vor dem traditionell als Kriegsausbruch verstandenen sogenannten „Prager Fenstersturz" 1618.

Verschiedene Krisen plagen die europäische Bevölkerung in den Jahrzehnten vor der Katastrophe und treiben den Kontinent auf einen dunklen Pfad. Wirtschaftsnotstände, Religions- und Staatskonflikte sowie Krankheiten verhärten die Herzen und Gemüter aller Europäer.

Schon ab den 1560ern werden klimatische Ausnahmezustände verzeichnet, bei denen man von einer „kleinen Eiszeit" spricht. Die kommenden Winter sind besonders hart und langwierig, die Sommer meist nass und ertragsarm. Das sind desaströse Zustände für eine Bevölkerung, die von den Erträgen lokaler Landwirte, wenn nicht sogar von ihrem ganz eigenen Anbau abhängig ist. Unter der Kälteperiode leidet auch die Qualität von Wäldern, Steinen und Metallen, sodass brauchbares Material seltener wird. Der zeitgenössische Geograf Rüdiger Glaser verzeichnet für das Jahr 1612 überdies ein auffallend häufiges Vorkommen von Stürmen über Mitteleuropa und 1615 beginnen selbst die Brunnen zuzufrieren.

Die Lage erschwert sich besonders im Heiligen Römischen Reich Deutscher Nation, das seit über einem Jahrhundert als Einwanderungsland gedient hat. Besonders nach dem Augsburger Religionsfrieden von 1555 hat sich das Reich in eine vielversprechende neue Heimat für Protestanten in Europa entwickelt. Beinahe um 100 % wächst die Bevölkerung zwischen 1500 und 1618. Doch mit der wachsenden Anzahl von Bürgern und Bürgerinnen sinkt die Chance auf einen bezahlten Arbeitsplatz, und das in einer Zeit, in der erbarmungslose Winter und schlecht Sommer für rasant steigende Lebensmittelpreise sorgen.

Neben dem Hunger zieht ein weiterer, tödlicher Bewohner durch die gekränkten Lande: Es ist die Pest.

Sie ist wieder da und verbreitet sich über Läuse und Flöhe, die warmen Unterschlupf in den üppigen Mänteln der frierenden Menschen suchen. Das Jüngste Gericht kündigt sich an. So zumindest kommt es den damaligen Zeugen vor, die die Naturkatastrophen in ihrer christlichen Weltanschauung als endzeitliche Vorboten deuten. Und so unzutreffend ist die Vorstellung gar nicht.

STAATENKONFLIKTE

Europa wird Zeugin einer beträchtlichen Liste an Kriegen, die dem Dreißigjährigen vorangehen und ihm den Weg bahnen. Ihre Motive sind unterschiedlich, doch sie wird das Desaster einen, in dem sie alle zusammenfließen. Um die Ursachen für den Schrecken der kommenden Jahre zu verstehen, lohnt es sich, einen groben Überblick über die größten Konflikte nachzuvollziehen.

Emanzipation der Niederlande

„Staatsbildungskrieg" ist das Stichwort, das der Historiker Johannes Burkhardt in Bezug auf den Dreißigjährigen Krieg geprägt hat. In Realität trifft das besonders auf die Niederlande zu:

Orientiert an einer alten Rechtsauffassung, werden die Niederlande im 16. Jahrhundert als Teil des Heiligen Römischen Reichs angesehen. Dennoch distanziert sich die niederländische Haltung zunehmend von dieser Zugehörigkeit. Erste Aufstände gegen die Habsburger Herrschaft brechen im Jahr 1566 aus. Landeshoheit über die wichtige Handelsnation übt derzeit der Habsburger König von Spanien, Phillip II., aus. Ziel der

Aufstände ist es, besonders die bedeutenden Provinzen Holland und Seeland zur Unabhängigkeit zu bewegen. Dabei kämpfen sie um die Freiheit ihrer Konfessionen und um mehr politische Autonomie – entgegen der von Phillip bestrebten katholischen Zentralisierung.

Ende des 16. Jahrhunderts behaupten sich die nördlichen Provinzen der Niederlande gegen die spanische Repression und bilden ein calvinistisch geprägtes Bündnis, das sich scharf von den anderen Provinzen abgrenzt. Dadurch verdienen sie sich den Respekt der englischen Krone und der Bourbonen als Bündnispartner. Die Krise fällt dem Königreich Spanien jedoch zunehmend zur Last. Als sich Spanien auch noch in den inneren Religionskonflikten in Frankreich einmischt, stößt die Großmacht an ihre Grenzen. 1596 sind die Banken leer.

Der Konflikt scheint sich einem Ende zu nähern, als 1607 unter Phillip III. Friedensverhandlungen mit den Niederlanden beginnen. Der spanische Regent bekundet der calvinistischen Partei seine Akzeptanz zur Unabhängigkeit ihrer Nation. Ein Ende bedeutet dies aber nicht. Mit den Friedensbedingungen der Spanier können die

Niederländer wenig anfangen. Weder die Duldung von Katholiken noch das Einstellen ihres Handels in der spanischen Übersee wollen sie gewährleisten. Und so setzt sich die Auseinandersetzung fort. Ende Juli 1617 unterzeichnet Phillip III. den heimlichen Oñate-Vertrag mit den Habsburgern in Österreich. Für die Herrschaftsrechte im Elsass, die ihm eine wichtige Nachschubroute für seine Truppen in den Niederlanden eröffnen, ist er bereit, seine Thronfolge in Böhmen und Ungarn zu opfern.

Aus diesem Anlass einer möglichen, neuen Bedrohung durch Spanien spitzt sich der Konflikt zwischen den Anhängern und den Gegnern des Friedenskurses in den Niederlanden zu. Der bedeutende Staatsmann Johann van Oldenbarnevelt plädiert für eine zurückhaltende Außenpolitik, während Moritz von Oranienburg die antispanische Bewegung anführt. Nachdem dieser im Sommer 1617 dem Gottesdienst der radikalen Friedensverweigerer beiwohnt, beginnt ein offener Konflikt zwischen den beiden Parteien. Johann van Oldenbarnevelt wird 1619 in Den Haag geköpft. Das Urteil: Hochverrat. Doch der spanischniederländische Krieg sollte jetzt erst in die zweite Runde gehen.

Bastionen des Christentums

Wer die Niederlande zum Bündnispartner wählt, ist schon länger Feind der Habsburger. 200 Jahre früher schon beginnt der Wettstreit zwischen Frankreich und Spanien um die europäische Hegemonie. Besonders begehrt ist die Landeshoheit über Italien und den Westen des Heiligen Römischen Reiches Deutscher Nation.

1601 wendet sich das Blatt zugunsten der Franzosen. Frankreich unterzeichnet mit Savoyen den Frieden von Lyon. Dadurch verliert die spanische Großmacht einen wichtigen, durch Savoyen führenden Nachschubweg. Außerdem unterstützt Frankreich zunehmend Gegner der Habsburger in Europa. Doch Spanien kommt erst einmal davon. 1610 wird der Bourbonenkönig Heinrich IV. ermordet. Als Reaktion bricht in Frankreich ein Bürgerkrieg aus. Der Konflikt mit Spanien kühlt vorerst ab, da sich Louis XIII. um die Stabilisierung seines eigenen Staates sorgen muss. Doch noch ist der Dreißigjährige Krieg nicht ausgebrochen.

Die Goten gegen Dänemark

Auch nördlichere Teile Europas zeichnet das Bild ständiger Konflikte. Seit 1600 kommt es im Ostseeraum zu militärischen Konfrontationen. Protagonist spielt die aufgestiegene Großmacht Schweden, die in Berufung auf ihre gotischen Wurzeln Anspruch auf das alte Reich erheben. Ihr gegenüber steht das Königreich Dänemark. Der dänische König Christian IV. regierte neben seiner Heimat über Norwegen sowie die Herzogtümer Schleswig und Holstein. Aufgeben würde er seinen Ostseeraum nicht so schnell. Immerhin ist der Zoll an der Meerenge Sund eine der Haupteinnahmequellen des Königreichs.

Schweden ist in den letzten Jahren zu einem würdigen Gegner geworden. Besonders unter der Reform Gustav II. Adolfs zur Förderung von Katholizismus und Zentralisierung gewinnt das schwedische Militär an Größe und Effizienz. Dänemark ist aber nicht der einzige Dorn im Auge der Schweden. 1617 erobern sie Karelien und Ingermanland gegen Russland und auch Polen steht bald mit ihnen auf Kriegsfuß.

„Langer Türkenkrieg"
Das Osmanische Reich stellt eine neue Bedrohung für Mitteleuropa dar. Unter Sultan Süleyman dem Prächtigen ist die Großmacht aus dem Osten an die Grenzen des Heiligen Römischen Reichs vorgerückt. Insbesondere Länder unter der Herrschaft der Habsburger wie Ungarn müssen sich auf einen möglichen Konflikt vorbereiten.

1593 bricht Sultan Murad III. den 25 Jahre alten Waffenstillstand mit dem Kaiser und beginnt mit einem großen Feldzug gegen Ungarn, Böhmen und Österreich den „langen Türkenkrieg". Erst 1606 ist der Sultan gezwungen, den Kaiser als ebenbürtigen Regenten anzuerkennen und einmaligen Tribut an ihn zu zahlen.

INNERER ZERFALL

Im Heiligen Römischen Reich selbst wächst der Streit zwischen den Konfessionen und bringt die gefestigten Habsburger Säulen ins Wanken. Die Fronten, die sich hier bilden, werden das zerstörerische Bild des Dreißigjährigen Kriegs zeichnen und zu erbarmungslosen Gewaltexzessen beitragen. Der Zwiespalt beruht auf einer Verfassung, die beide Parteien versuchen, zu ihren Gunsten zu wenden, und die Ihnen im Folgenden zusammengefasst sind.

Die Reichsordnung und Kompromisssuche

Sie ähnelt wohl kaum dem, was Sie heute unter einer ordentlichen Verfassung verstehen würden. Die Reichsordnung setzt sich im 17. Jahrhundert aus traditionellen Konventionen und vereinzelten Entscheiden der Vergangenheit zusammen.

Die Goldene Bulle: 1356 definiert die Goldene Bulle das Heilige Römische Reich als eine Wahlmonarchie. Gewählt wird durch das Kurkolleg, bestehend aus vier weltlichen und drei geistlichen Wählern. Die weltlichen Stimmen bei der Kaiserwahl gehören dem König in Böhmen, den Kurfürsten von Sachsen, den Marktgrafen von Brandenburg und dem Pfalzgrafen. Auf der anderen Seite wählen die Erzbischöfe von Köln, Mainz und Trier als geistliche Vertreter.

Landfrieden: Seit 1495 ist es durch den Allgemeinen Landfrieden untersagt, Selbstjustiz durch Fehdekämpfe zu vollstrecken. Bei Missachtung folgt die Strafe für Landfriedensbruch, der Verlust des rechtlichen Schutzes.

Durch eine Reform der Reichsordnung Mitte des 16. Jahrhunderts gelangen die Reichsstände gegenüber dem Kaiser an Einfluss. Ihre Stimmen werden von nun an auch bei Steuerbewilligungen und neuen Gesetzen erhört. Darüber hinaus erhalten die Reichsstände die Gerichtsbarkeit. 1600 steht das vom Kaiser nahezu unabhängige Reichskammergericht wieder auf gefestigten Boden. Damit die Reichsgesetze, Urteile und der Landfrieden durchgesetzt wurden, richten sie Reichskreise ein, die mit der Exekutive beauftragt sind. Parallel wird ein eigener Gerichtshof für den Kaiser, der Reichshofrat, konstituiert, der ihm die Funktion als juristische Instanz sichert. Problematisch werden die Folgen der Reichsreform, als mehrere Reichsstände zum protestantischen Glauben konvertieren, trotz Verbot durch das Wormser Edikt von 1521. Dadurch entstehen für geistliche Fürsten rechtliche Komplikationen vor den Reichsgesetzen, denn anders als bei den weltlichen Fürsten orientierte sich die Konfession ihrer Hoheitsgebiete an der ihrigen.

Der entstandene Konflikt scheint ausweglos. Auch die militärischen Versuche Kaiser Karls V., die Fürsten zum Katholizismus zurückzubringen, scheitern.

Als 1151/52 auch noch protestantische Aufstände Erfolg haben, kommt es schließlich zur Unterzeichnung des Passauer Vertrages, der Friedensregelungen zwischen den religiösen Fraktionen versprechen soll. Die Anstrengungen münden im Augsburger Frieden 1555. Gewalt, die auf religiösen Meinungsverschiedenheiten beruht, ist hiermit künftig verboten und wird sogar als Landfriedensbruch verurteilt. Das gilt zumindest für den Schutz der Lutheraner. Calvinisten sind noch immer als Sekte angesehen und von dem rechtlichen Schutz unbeachtet. Lutherische Reichsstände dürfen ihre Konfession behalten, aber die geistlichen Fürsten dürfen sie jetzt nicht mehr wechseln.

Die Lage spitzt sich erneut zu

Eine Zeit lang hilft der Augsburger Frieden, die Religionsfreiheit zu wahren und einigermaßen friedlichen Umgang zwischen den Konfessionen zu fördern. Nun sind es aber die Katholiken, die sich benachteiligt fühlen und sich seit den 1570ern verstärkt gegen die Protestanten behaupten wollen. Nur mit Unterstützung mehrerer Landesherren können eine katholische Reform und Gegenreform durchgeführt werden, durch die das Bestreben der Katholiken, ihre Konfession wieder zu festigen und gegenüber protestantischem Anhänger zu verbreiten, gestärkt wird.

Die Lage spitzt sich so weit zu, dass der Reichstag dem evangelischen Administrator von Magdeburg 1582 das Stimmrecht verwehrt. Kurz darauf wird der Erzbischof von Köln durch den Papst abgesetzt, weil er das Zölibat gebrochen hat und zum protestantischen Glauben konvertiert ist. Sein Köln hinterlässt der Erzbischof den Katholiken – jedoch nicht widerstandslos – und kann nur durch Waffengewalt fortgetrieben werden.

Nachdem Protestanten 1607 bei einer katholischen Prozession durch Donauwörth die Flaggen der Katholiken an sich reißen und durch die verdreckten Straßen ziehen, erreicht der Zwist im Reich seinen Zenit. Der Erzherzog von Bayern, Maximilian, schickt seine katholischen Soldaten in die Stadt und reißt sie an sich. Die Protestanten werden vor dem Reichshofrat verurteilt. Kurz nach der Einnahme beginnt Maximilian mit der Rekatholisierung der Stadt. Erzherzog von

Innerösterreich und baldiger Kaiser des Heiligen Römischen Reichs, Ferdinand von Steiermark, unterstützt den Bayern und fordert 1608 offiziell von allen Protestanten, dass sie die seit 1552 „entfremdeten" katholischen Kirchengüter in die Obhut der Katholiken zurückzugeben.

Als Reaktion auf diese Forderung gründen die Lutherischen Reichsstände im Mai 1608 eine Union evangelischer Anhänger mit eigener Armee. Ein Jahr später antwortet Maximilian von Bayern mit einer frisch gegründeten katholischen Liga.

Prager Fenstersturz

In der historischen Tradition markiert der „Prager Fenstersturz" den Beginn des Dreißigjährigen Kriegs. Ausschlaggebend ist vor allem die Rolle Böhmens in der europäischen Politik. Das katholische Böhmen bildet im Kurkolleg des Heiligen Römischen Reichs die Mehrheit. Ihre Stimme sichert die Rolle des Katholizismus in der Kaiserwahl und somit auch den Anspruch der Habsburger, den Kaiser zu stellen.

Die Mehrheit der böhmischen Bevölkerung, darunter auch die meisten Adligen, sind schon längere Zeit keine Katholiken mehr, sondern glauben an die Lehren des Reformators Jan Hus. Zur Ernüchterung Böhmens wird im Juni 1617 der fromme Katholik und Gegenreformator Ferdinand von Steiermark unter Kaiser Matthias II. zum Träger der Wenzelkrone gewählt und in Prag gekrönt. Das Jahr danach erhält er zusätzlich die Krone Ungarns.

Mit zunehmender Sorge beobachtetet die protestantische Bevölkerung ihren neuen König. Aus Angst vor einer Gegenreformation kommt es in Böhmen zu Unruhen. Ungeschickterweise versucht Kaiser Matthias, die Unruhen mit einem bissigen Ton zu unterbinden, stößt dabei aber auf eine zunehmend hitzige Stimmung.

Am 23. Mai 1618 versuchen protestantische Adelige in der Prager Burg Hradschin, die katholischen Statthalter um eine Rechtfertigung für die Reaktion von Kaiser Matthias zu bitten. Kurz darauf entwickelt sich aus der Diskussion eine gewaltsame Auseinandersetzung. Aufgebracht drängen die Adligen zwei Statthalter und ihren Sekretär in den Ludvik-Flügel. Die Katholiken werden aus den Fenstern in den 17 m tiefen Abgrund geworfen – und überleben.

Doch jetzt herrscht Revolutionsstimmung. Die Rebellen setzen sich selbst als neuen Landtag ein und wählen die Regierung Böhmens neu. Einen Tag darauf steht ihre eigene Armee und König Ferdinand II. muss abdanken. Die Konsequenzen lassen nicht lange auf sich warten und leiten die erste große Schlacht des Dreißigjährigen Kriegs ein.

Tipp:

Fragen Sie sich, ob es sich beim Dreißigjährigen Krieg wirklich um einen „Staatsbildungskrieg" (Burkhardt) gehandelt hat. Veranschaulichen Sie sich die Motive der verschiedenen Vorkonflikte.

Vergleichen Sie den Prager Fenstersturz mit anderen Revolutionen, von denen Sie wissen. So bauen Sie ein Verständnis für die verschiedenen Formen und Auswirkungen von Revolutionen auf.

MARKUS NEUSTEDT

Schlachten der Verdammten

Es herrscht Krieg. Und die ersten Armeen machen sich bereit, in Richtung Feindeslager zu marschieren. Schlachten über Schlachten stapeln sich in kürzester Zeit übereinander. Welche Schauplätze formen den Verlauf des Krieges? Begleiten Sie die bedeutendsten Befehlshaber bei ihren Feldzügen durch Europa und bekommen Sie eine Vorstellung von den enormen Ausmaßen, die der Krieg annimmt. Von Prag über die Ostsee bis nach Süddeutschland zieht sich eine Linie von dauerhafter Auseinandersetzung und Verwüstung.

WINTERKÖNIG UND BLUTGERICHT

1619-1625

Es herrscht Revolutionsstimmung in Prag. Nach dem Prager Fenstersturz und der Vertreibung Ferdinands von Steiermark stellt sich Böhmen die Frage nach einem neuen Hüter der Wenzelkrone. Eine Frage, deren Antwort die erste große Schlacht des Dreißigjährigen Kriegs auslösen wird. Nach einem frommen, katholischen König ist es für die böhmische Regierung jetzt von großem Interesse, endlich einen protestantischen Regenten ernennen zu können, der die Konfession der Mehrheit vertritt und unterstützt. Der neue König muss ein Zeichen der Autonomie der Prager Regierung darstellen und ihren Anspruch auf die protestantische Konfession verkörpern. Die Nachricht über die Absetzung Ferdinands erreicht bald die Kurpfalz. Hier regiert der evangelische Kurfürst Friedrich V. mit seinem überzeugt calvinistischen Kanzler Christian I. von Anhalt-Bernburg. In der Suche nach einem neuen Monarchen erkennt dieser die Möglichkeit, den Einflussbereich der Habsburger zu schwächen und somit auch den der Katholiken. Um ihre Gunst zu gewinnen, sendet der Kanzler militärische Unterstützung nach Prag. Recht zügig bietet die Prager Regierung dem Kurfürsten Friedrich die Krone an. Besonders seine Konfession und gute Verbindung zum englischen Königshaus überzeugen von der Kompetenz des pfälzischen Adligen. Obwohl sein eigener Rat ihn davon abrät, nimmt Friedrich die Wahl zum König im August 1619 an. Im Oktober trifft er mit seiner Frau Elisabeth Stuart feierlich in Prag ein. Ein heftiger Rückschlag für die Habsburger.

Es kommt aber anders, als erhofft. Der neue König macht sich schnell beim Volk unbeliebt. Besonders durch seine radikalen Bilderstürme schwindet sein Ansehen gewaltig. Selbst Aufstände formatieren sich, als Friedrich V. nach dem Veitsdom auch noch die Ikonen der Karlsbrücke demontieren lassen will. Währenddessen versuchen die böhmischen Rebellen, ihr Heer auszubauen, um sich auf eine mögliche Racheaktion mit der kaiserlich katholischen Liga vorzubereiten. Schon im Oktober des Vorjahrs schließt sich Schlesien den Prager Aufständischen an. Nachdem dann im März 1619 der Kaiser des Heiligen

Römischen Reichs Deutscher Nation Matthias II. stirbt, trauen sich mehr deutsche Herzogtümer, Böhmen zu unterstützen. Sie bilden die *Confoederatio Bohemica.* Matthias' Nachfolger wird Ferdinand von Steiermark, jetzt Ferdinand II. Sofort verspricht er dem Führer der katholischen Liga, Maximilian von Bayern, die Kurwürde der Pfalz, sollten sie Böhmen wieder zurückerobern und den neuen König vertreiben können. Die ersten Kriegsparteien stehen. Bald treffen die Konföderation und die Liga aufeinander.

Nach mehreren erfolgreichen Feldzügen in Richtung Prag steht die kaiserlich-katholische Armee unter Führung des Feldherrn Johann von Tilly vor den Toren der Hauptstadt. Ein letzter verzweifelter Versuch, die Anrückenden aufzuhalten, mündet in der Schlacht am Weißen Berg, von dem man hofft, dass er den böhmischen Truppen einen strategischen Vorteil verschafft. Doch auch die Anhöhe kann mit der Kraft der Liga nicht mithalten. Am 8. November 1620 kommt es zum kurzen Gefecht. Die böhmische Konföderation erleidet ihre letzte und bisher heftigste Niederlage. Der böhmische Aufstand bricht zusammen und Friedrich, der sich die ganze Schlacht über in der Burg

Hradschin aufhält und versucht, die englischen Botschafter um Unterstützung zu bitten, flüchtet in sein Exil in den Niederlanden.

Nach der Rückeroberung Böhmens zeigt sich Ferdinand II. wenig rücksichtsvoll. Der Kaiser will ein Exempel statuieren. Er verhängt 27, teils willkürliche Todesurteile. Zehn böhmische Adlige und 17 Bauern stehen auf der schwarzen Liste. Die Opfer erfahren meist nur wenige Tage vorher von ihrem Urteil. Am 21. Juni 1621 lässt der Kaiser eine Bühne vor dem Altstädter Rathaus errichten. Vier Stunden lang hält das Enthaupten und Erhängen an, wobei mehrere Klingen abgenutzt werden. Zur zusätzlichen Erniedrigung spielen die Trommler so laut, dass die letzten Worte der Verurteilten nicht gehört werden können. Die blutige Racheaktion erzielt ihre Wirkung. Um vor zukünftigen Aufständen zu mahnen, lässt der Kaiser außerdem 12 der abgetrennten Köpfe an dem Brückenturm zur Altstadt anbringen, wo sie auf langen Lanzen angebracht 10 Jahre lang von den Schrecken des „Prager Blutgerichts" und der ersten großen Schlacht des Dreißigjährigen Kriegs zeugen werden. Die böhmischen Ländereien werden hauptsächlich an katholische Adlige im Reich verkauft.

Auch Friedrichs Heimat kommt nur schlecht davon. 1622 reißt Maximilian I. von Bayern das, was der Kaiser ihm versprochen hat, an sich. Die Hauptstadt Heidelberg wird in Brand gesetzt, Soldaten plündern Silber und Gold und die Biblioteca Palatina, eine der wichtigsten Zeugnisse der mittelalterlichen Literatur, wird vollkommen in den Vatikan verlegt. Der Kurpfalz wird der Katholizismus aufgezwungen und alle protestantischen Geistlichen bis 1625 vertrieben.

Von der kurzen Regentschaft Friedrichs V. in Böhmen bleibt kein ruhmreiches Zeugnis der protestantischen Union. Lediglich der degradierende Titel „Winterkönig" berichtet von der fatalen Regentschaft unter Friedrich, die kurz andauerte und die Macht der Habsburger alles andere als schwächen konnte.

Tipp:
Besuchen Sie heute das Altstädter Rathaus in Prag. Dort werden Sie 27 weiße Kreuze finden, die im Boden eingelassen wurden. Sie können sich einen Eindruck von der Erinnerungskultur Böhmens machen.

MARKUS NEUSTEDT

DÄNEMARK UND WALLENSTEIN

1624–1628/29

Nachdem die böhmischen Aufstände zerschlagen wurden, flüchten zwei Anführer von Söldnertruppen des ehemaligen Winterkönigs nach Niedersachsen. Christian von Braunschweig und Ernst von Mansfeld nutzen die Region, um für ihre Soldaten zu sorgen. Die Soldaten verbrauchen Vorräte und viel Arbeitskraft der lokalen Landwirte. Aber sie belegen die niedersächsischen Städte mit einer weiteren Belastung. Durch ihre Anwesenheit provozieren die protestantischen Feldherren womöglich eine gewaltsame Rekatholisierung durch die Liga, deren Truppen nicht unweit stationiert sind. Um das zu verhindern, schmieden die niedersächsischen Stände den Plan, die kaiserlichen Truppen mit der Bedrohung eines europäischen Krieges abzulenken. Unterstützung sucht Niedersachsen besonders bei Christian IV. von Dänemark. Der dänische König besitzt die Landeshoheit über Holstein und ist außerdem Mitglied im niedersächsischen Kreis.

Das nordische Königreich erobert kurz zuvor mehrere Städte in Norddeutschland. Bald schon thront die dänische Krone auch über die besonders einflussreiche Stadt Hamburg. Gestärkt erklärt sich Christian jetzt dem Schutz von Niedersachsen, lässt mit der Umsetzung aber noch auf sich warten. Erst versucht Christian von Braunschweig, das Geschehen im Frühjahr 1623 unter seine Kontrolle zu bringen, jedoch reagiert die katholische Liga auf seine Aufrüstungsanstrengungen zur Rückeroberung Böhmens mit einem Vormarsch bis zum Süden Niedersachsens. Bei der Schlacht bei Stadtlohn bringt der erfahrene Johann von Tilly die Braunschweiger Bemühungen zum Erliegen.

Christian IV. bleibt zunächst zurückhaltend. Ihn hindert die Sorge, Schweden könnte während seines Engagements für Niedersachsen Teile der Ostsee und Dänemarks erobern. Außerdem hofft der Monarch auf die Verstärkung durch Frankreich und England.

Im Jahr 1624 kommt dann die Wende. Jakob I., König von England, verhandelt nicht länger um Frieden mit den spanischen Habsburgern und geht auf Angriffskurs. Auch das schon länger feindlich gesinnte Frankreich verschärft unter der Außenpolitik von Kardinal Richelieu zeitgleich seine

Fronten gegenüber dem Kaiser. Die Generalstaaten erklären gegen Ende des Jahres ihr offizielles Bündnis mit Dänemark. Im folgenden Jahr stellt sich eine neue niedersächsische Armee unter Führung Christians IV. auf. Mit einem Mandat versucht der Kaiser, die Aufrüstung Niedersachsens zu verhindern. Um die Umsetzung zu versichern, marschieren die kaiserlichen Truppen Tillys ins niedersächsische Kriegsgebiet ein.

Die Zeit ist reif für einen weiteren Protagonisten im Dreißigjährigen Krieg. Der Wiener Königshof diskutiert über ein Angebot, das sie kaum ausschlagen können. Der adelige Herzog Albrecht von Wallenstein, der auch ein Gebiet in Böhmen besitzt, bietet dem Kaiser 1625 in Anbetracht der Spannungen an der niedersächsischen Grenze an, ein eigenes Heer aufzustellen, um die kaiserlichen Truppen zu unterstützen. Im Spätherbst dieses Jahres bringt der Militärunternehmer ganze 40.000 Söldner unter seinen Dienst, mit denen er zu Tilly stößt. In den folgenden Monaten wendet sich das Blatt dramatisch zugunsten des Kaisers. In Frankreich herrschen Aufstände der Hugenotten und der englische König beginnt Krieg mit

Spanien. Ihre Unterstützung für Dänemark verfällt.

Christian IV. unterschätzt die Lage. Als die kaiserlichen Truppen 1626 von Bauernaufständen abgelenkt werden, sieht sich der dänische Monarch zum Kampf bereit. Bei Lutter am Barenberg wird das dänische Heer geschlagen und das niedersächsische Bündnis fällt in sich zusammen. Im Winter sehen sich viele Kreisstände gezwungen, ihre Loyalität zum Kaiser erneut zu bekennen. Der Held gegen die Dänen, Wallenstein, der dem Kaiser eine gewaltige Armee bereitgestellt und selbst geführt hat, marschiert weiter in den Norden. Schleswig, Holstein und Jütland nimmt der Feldherr ein und vertreibt die Dänen somit endgültig von deutschem Boden. Christian IV. ordnet den Rückzug an.

PARTISANENFRONT

1626–1630er

Wallensteins Armee kommt dem Kaiser gerade recht. Die Bevölkerung aber verachtet die Soldaten zu großen Teilen. Besonders die Harzregion wird 1625 von der Anwesenheit der katholischen

Soldaten belastet und von ihnen terrorisiert. Im folgenden Jahr schließen sich die Bauern und Handwerker zu einem bewaffneten Bündnis zusammen. In der Montur der Jäger bezeichnen sich die gut 600 bis 800 Männer als „Freye Harzschützen". Die Kenntnisse der Region verschaffen ihnen den bitter nötigen Vorteil, um unter der kaiserlichen Armee für Unruhe zu sorgen. Sie verwandeln die Harzregion in ein unsicheres Land für die Soldaten. Im Juli 1627 schaffen sie es, die Burg Klettenberg und Stiege zu stürmen. Dabei erwecken sie jedoch den vollen Rachezorn der Liga.

Kurz darauf nehmen die kaiserlichen Soldaten die Hochburg Beckenstein und andere Zufluchten der Freyen Harzschützen ein. Es dauert nicht lange, bis die Bedeutung der Partisanen verschwindet.

Nur ein einziges Mal, nach der Zerstörung Magdeburgs im Jahr 1631, tauchen sie für eine kurze Zeit wieder auf.

Ihr Kapitel mag kurz und für den Verlauf des Dreißigjährigen Krieges unbedeutend gewesen sein, aber ihre Geschichte zeigt, dass Krieg eigentlich immer über die Köpfe der Bevölkerung geführt wird. Er ist keine patriotische

Loyalitätsprüfung, sondern ein Herabsetzen der zivilen Interessen. Gegen diese Tyrannei durch den Kaiser haben sich die Freyen Harzschützen vergebens zu wehren versucht.

> **Tipp:**
> Vergleichen Sie die Freyen Harzschützen mit anderen Bauern- oder Zivilaufständen im Dreißigjährigen Krieg. Was vermuten Sie, sind wichtige Faktoren für einen erfolgreichen Widerstand?

DER LÖWE VON SCHWEDEN

1630–1634

Im Jahr 1630 kommt es für den Kaiser zur größten Bedrohung im Dreißigjährigen Krieg. Nie zuvor war seine Hoheit so bedroht gewesen. Schweden entscheidet sich, dem europäischen Konflikt beizutreten – angeblich unter dem Vorwand, die gefährdeten und unterworfenen Protestanten in Deutschland zu unterstützen.

Die Schweden können sich auf ein altes Erbe des Gotenreichs berufen. Es ist der Anspruch, den Großteil der Welt zu beherrschen. Und diesen Anspruch gefährdet die Expansion der Habsburger.

1627 besetzen kaiserlich-katholische Truppen Wismar. Bald wird die Stadt an der Ostseeküste zum Kriegshafen des Kaisers erklärt. Für die Großmacht Schweden, die die Ostseeräume unter ihre Gewalt bringen möchte, ein Desaster. Ihr Vorhaben wankt 1628 ausdrücklich, als Rostock in die Hände der Katholiken fällt und eine kaiserliche Seeflotte erbaut wird. Der bekannte Kriegsheld der Habsburger, Wallenstein, wird sogar zum „General des baltischen und ozeanischen Meeres" ernannt.

Gustav Adolf, König von Schweden, entscheidet sich, dieser Expansion entgegenzuwirken. Er kennt Deutschland von einer geheimen Reise im Jahre 1620 und weiß, angemessene Vorbereitungen zu treffen.

Im Mai 1630 überquert der König mit 13.000 Soldaten die Ostsee. Zwei Monate später setzt er Fuß auf Usedom. Die dortigen kaiserlichen Truppen ergreifen in Anblick der Großmacht umgehend die Flucht. Für die Protestanten in Deutschland wird ein Wunder wahr. Nach der Niederlage Dänemarks sehen sie im schwedischen König den Retter ihrer Konfession. Zur Untermalung seiner Glorie nennt man Gustav Adolf den „Löwen aus

Mitternacht", dessen mythenähnliche Erscheinung Hoffnung in den evangelischen Herzen weckt.

Und der Feldzug der Schweden beweist sich früh als enormer Erfolg. Nach der Bündnisschließung mit Pommern am 20. Juli besetzt die schwedische Armee Anklam und Wolgast. Genau 2 Monate später gehören Stralsund und das Herzogtum Mecklenburg, vorher Landesbesitz von Wallenstein, dem schwedischen Königreich.

Gustav Adolf zieht mit seinem Heer weiter Richtung Süden. Im April 1631 erobert er Landsberg an der Warthe und Frankfurt an der Oder.

Dann wird es dringend. Im Schnellmarsch versuchen die Schweden, nach Magdeburg zu gelangen, um die von den kaiserlichen Feldherren Tilly und Pappenheim bedrohte evangelische Handelsstadt vor ihrer Zerstörung zu retten. Die Rettung kommt zu spät. Zwar nehmen die Schweden das nahegelegene Berlin und Potsdam ein, doch sie können den Schrecken nicht verhindern. Magdeburg fällt unter den grausamsten Bedingungen. Die evangelische Hochburg ist zwar verloren, doch sie weckt den Widerstandsgeist der Protestanten im ganzen Reich. Gustav Adolf gilt spätestens jetzt eindeutig als Retterfigur gegen die katholische Oberhand, die noch sie so verachtet war. Flugschriften erzählen von Gustavs Siegen und stacheln die Protestanten gegen die österreichische Tyrannei an.

Die Schweden rücken derweil weiter vor. Im Juli wird Havelberg besetzt und bei Breitenfeld besiegen sie das Heer von Tilly. Der Vorteil der Schweden ist die schnelle Feuerrate ihrer Geschütze und die ausgeklügelten Formationen, die mehr Mobilität erlauben. Im September fallen Wernigerode und Erfurt, im Oktober der Thüringer Wald und Schweinfurt. Frankfurt am Main und Mainz fallen im Dezember in die schwedischen Hände. Gustav Adolf hat den Höhepunkt seiner Regentschaft erreicht. Eine breite Region in Mitteldeutschland, von Norden bis Süden, ist in kürzester Zeit von seiner Armee eingenommen worden. Hinzu kommen Wismar, Rostock und Dömitz. Die marine Karriere des Kaisers kommt zum Erliegen und seine Macht ist gnadenlos geschrumpft. Sein eigenes Volk wendet sich gegen ihn. Nur ein Zehntel der ca. 150.000 unter Gustav Adolf sind überhaupt Skandinavier. Neben Schotten und Italienern schließen sich besonders deutsche Protestanten dem Kampf gegen den Kaiser an.

Im März 1632 feiert ganz Nürnberg den Einzug der Schweden. Sie scheinen unantastbar. Doch eine Angst plagt die Erben des Gotenreichs – von dem groß angelegten Feldzug zeugen die knappen finanziellen Reste.

Zur Finanzierung seiner Streitmacht lässt Gustav Adolf im April hohe Abgaben vom frisch gefallenen Augsburg eintreiben. Vielleicht ist es der Versuch nach Beschwichtigung, der den König veranlasst, einen katholischen Gottesdienst zu besuchen, doch auch die Abgaben seiner neu unterworfenen Gebiete kommen zu spät. Geblendet vom Siegen treibt er seine Finanzkraft bis ans Ende. Die herben Rückstände zeigen sich, als die Mittel fehlen, Ingolstadt im April einzunehmen. Geschlagen zieht der König sein Heer zurück. Doch das reicht nicht.

In Schwaben und Bayern beginnen die Bauern, Widerstand gegen die lästigen Soldaten und Söldner zu leisten. Die Schweden sind gezwungen, sich in Nürnberg zu verschanzen, als die Nachricht umgeht, dass sich Wallenstein zur Unterstützung der Aufständischen ankündigt. Es gelingt

Gustav Adolf, die Stadt bis Ende August gegen Wallensteins Söldnermaße zu verteidigen, aber Hunger und Krankheiten plagen die Schweden. Es gibt keine Vorräte mehr, aus denen man sich Nahrung nehmen oder Medizin verschaffen kann, deshalb stellt sich Gustav der Entscheidungsschlacht gegen die Kaiserlichen.

Am 16. November 1632 begegnen sich die beiden Heere bei Lützen. Tatsächlich scheint es so, dass Schweden die Schlacht gewinnt, doch gegen Mittag wird das Schlachtfeld von einem dichten Nebel besetzt.

Unbewusst reitet Gustav Adolf mitten in die gegnerischen Soldaten, die der Nebel vor ihm versteckt hat. Nach mehreren Schüssen fällt der geliebte König vom Pferd und stirbt an seinen Schusswunden.

Die Schweden gewinnen zwar die Schlacht, doch mit dem Fall des Löwen fällt auch der Tatendrang. Sein Leichnam wird in die Kirche von Wittenberg gebracht. Ein symbolhafter Ort. An ihren Türen schlug Luther seine Thesen an. In der Geburtsstätte der Reformation verbringt der König, der im Kampf für die Protestanten gefallen ist, eine Nacht. Und Wallenstein? Es ist der perfekte

Moment, um zuzuschlagen und die Schweden vielleicht sogar vom deutschen Boden zu vertreiben, doch der erfahrene Feldherr reagiert nicht. Das ganze Jahr 1633 lässt er alle militärischen Anstrengungen gegen die Schweden ruhen. Als er 1634 darauf verzichtet, das von Schweden unterworfene Regensburg zu befreien, breitet sich Skepsis am Wiener Hof aus. Es ist der Beginn einer Tragödie.

Dem Kaiser Ferdinand II. wird von Intrigen erzählt. Wallenstein hätte selbst Interesse an der Kaiserkrone. Er verbünde sich sogar mit den Schweden. Vielleicht die Wahrheit? Oder böse gesinnte Stimmen? Ferdinand II. handelt. Er lässt die Ermordung Wallensteins beauftragen. Am 24. Februar 1634 erhält der Feldherr seine Belohnung für die loyalen Dienste seit 1625. Hinterhältig wird er vom Iren Walter Deveroux erstochen.

Im Sommer 1634 vertreibt die katholische Liga Schweden nach der Schlacht bei Nördlingen aus Süddeutschland.

MAGDEBURGER BLUTHOCHZEIT

1631

Eine Stadt in Flammen. Kein Ereignis im Dreißigjährigen Krieg schreibt so Geschichte, wie die Zerstörung Magdeburgs. Der Überfall steht beinahe schon stellvertretend für den Krieg und gilt als dunkelstes Zeugnis seines Gewaltwahns. Für die Zeitgenossen ist es besonders schlimm. Traumata und Ängste machen sich breit. Magdeburg wird zu einem Gespenst, einem Symbol für den allgegenwärtigen Zerfall und die Unsicherheit vor gewaltsamen Übergriffen. Selbst das Wort „magdeburgisieren" bürgert sich ein und beschreibt eine totale Vernichtung.

Es ist der 20. Mai 1631. 22.000 kaiserliche Soldaten Tillys versammeln sich vor den Stadtmauern. Zu ihnen stoßen die rund 6.000 Söldner unter der Führung seines Stellvertreters Pappenheim. Die Stadt, die sich vor ihnen befindet, ist eine der größten und reichsten Städte der damaligen Zeit. Ihre strategische Lage und fruchtbaren Kornfelder machen sie zu einem begehrten Objekt. Das Problem: Schon früh haben sich die Magdeburger für die Lehren Martin Luthers entschieden.

Katholiken bilden die eindeutige Minderheit. Dennoch bemüht sich die Stadt, ihre Neutralität im Krieg zu wahren. Nun scheint das Vorhaben zu bröckeln. Trotz der drohenden Gefahr durch Johann von Tilly entscheiden sich die Magdeburger gegen die Kapitulationsangebote. Sie hoffen auf Unterstützung der schwedischen Armee.

Gegen 7 Uhr ist es so weit: Johann von Tilly möchte die Stadt mit Gewalt an sich reißen. Eine schwere Bombardierung trifft Magdeburg als Erstes. Daraufhin dringen die Soldaten, besonders die Pappenheimer, in die Stadt ein. Sie sollen es sein, die schnell damit beginnen, Brände zu entfachen, die im Verlauf der „Eroberung" eine verehrende Wirkung erreichen. Die plötzliche Schutzlosigkeit der Bewohner Magdeburgs veranlasst die Pappenheimer Soldaten zu besonderem Mute zur Gewalt. Sie sind nicht länger Herren ihrer Sinne und verbreiten ungeahntes Grauen in der Stadt. Die schrecklichsten Verbrechen, unter denen die Magdeburger in dieser fürchterlichen Stunde der europäischen Geschichte leiden, sind das Aufspießen von Säuglingen und das endlose Vergewaltigen von Mädchen und Frauen. Die Brutalität der Soldaten soll so erbarmungslos sein, dass sie selbst bei Tilly und Pappenheim auf Unverständnis und Erschrockenheit stößt. Es ist nicht ihre Absicht gewesen, die strategisch günstige Stadt zu vernichten. Ihre Intention war es, sie für ihre eigenen Zwecke einzunehmen. Doch die Soldaten haben sich über sie hinweggesetzt und die Stadt dem Erdboden gleichgemacht. Selbst das Asylrecht in den Kirchen tritt außer Kraft. Nur die wenigen, die sich im Magdeburger Dom verschanzen, werden von den Soldaten verschont. Am Ende sind die meisten Gebäude verschwunden und machen Platz für Seuchen und den Duft von Verwesung. Von den ursprünglich 35.000 Bewohnern bleiben am Ende rund 450 übrig.

Tipp:
Schauen Sie sich (auch im Internet) Illustrationen der Magdeburger Hochzeit an. Daraus können Sie entnehmen, welchen Eindruck so eine Vernichtungsaktion auf die Zeitgenossen gemacht hat.

L'ART DE LA GUERRE

1634–1638

Nach Zurückdrängung der Schweden kommt es zur Ausbreitung des europäischen Schlachtfelds. Die Franzosen sehen sich genötigt, dem großen Krieg offiziell beizutreten. Die Intention des Außenpolitikers Kardinal Richelieu ist es, den Rücken der Schweden im verbliebenen Ostseeraum zu stärken, um sich selbst als attraktiven, wenn nicht sogar notwendigen Bündnispartner zu präsentieren.

Für Frankreich ist das deswegen von großer Bedeutung, weil das Königreich schon länger auf einen Krieg mit dem gefürchteten Spanien zusteuert. Schon seit 1632 treffen die beiden Großmächte Vorbereitungen für einen militärischen Konflikt. Im Mittelpunkt steht die Spanische Straße. Ein Nachschubweg, der von Italien in die Niederlande führt. Für Frankreich würde die Eroberung des Nachschubwegs durch Spanien eine Gefahr darstellen und außerdem die Eroberung französischer Landeshoheiten bedeuten. Darum kommt es vermehrt zu Stationierungen beider Parteien am

Rhein entlang. Ein möglicher Konfliktausbruch wird dadurch nur genährt.

Auf Seite der Franzosen befinden sich seit 1634 Schweden und die Niederlande. Sie sorgen sich vor der wachsenden Macht der Habsburger und gehen deshalb ein Bündnis mit den Bourbonen ein. Spanien hingegen erzwingt einen Bund mit dem Kaiser, indem es aufhört, seine Steuern an Wien zu zahlen. Der Verlust der fundamentalen Geldquelle der Habsburger riskiert einen Machtverlust des Kaisers und den Stopp seiner Rückeroberung des Reichs. Im Oktober akzeptiert die Wiener Regierung den Anspruch der spanischen Habsburger auf militärische Unterstützung durch die kaiserlich-katholischen Truppen.

Die Eskalation trifft ein, als Spanien im März 1635 ohne vorhersehbarer Grundlage Trier besetzt und den Kurfürsten gefangen nimmt. Dadurch zwingen sie Frankreich zum Handeln. Das Königreich, das eigentlich noch nach Bündnissen gesucht hat, muss sein Anwerben einstellen und eine Entscheidung fällen. Am 19. Mai 1635 erklärt Ludwig XIII. die Gefangennahme des Kurfürsten für einen Bruch des Völkerrechts und begründet so die offizielle Kriegserklärung an Spanien. Der ausgebrochene Konflikt zwischen Frankreich und Spanien ergänzt die Auswirkungen des Dreißigjährigen Krieges um weitreichende Gebiete in Europa und weitet den Fokus vom Heiligen Römischen Reich auf ganzes Europa aus. 25 Jahre lang, also über den Dreißigjährigen Krieg hinaus, hält die Fehde zwischen Frankreich und Spanien stand. Die Lage ist so strapazierend, dass die Nationen langsam beginnen, das endlose Morden, Hungern und Kränkeln mit einem Willen nach Frieden zu ersetzen. Doch der Weg zum Waffenstillstand ist schwer und dauert lange an.

MARKUS NEUSTEDT

Zeugnisse des Schreckens

Aus heutiger Sicht wird es wohl unmöglich sein, das Schlachtgeschehen im Dreißigjährigen Krieg in seiner vollen, Furcht einflößenden Atmosphäre einzufangen. Was uns bleibt, sind einzelne, verstreute Zeugnisse jener Zeit, in der die Alltagsrealitäten der Menschen von Furcht und Leid geprägt sind. Welche Sorgen plagen die einfache Bevölkerung und mit welchen Lastern kämpfen die Soldaten? Welche Rolle spielen die Frauen im Krieg? Was wissen Sie über die vielen erbarmungslosen Hexen-

prozesse, die unter all dem Verderben erneut auf-
flammen?

DAS LEBEN DER SÖLDNER – PETER HAGENDORF

Wenn Sie bei den Wörtern „Heer" und „Soldaten"
an kräftige Männer denken, die sich furchtlos von
Schlacht zu Schlacht begeben, werden Ihnen die
Fragmente über das Soldatenleben im Dreißigjährigen Krieg eine andere Welt präsentieren. Kräftig
sind die Soldaten keineswegs. Berichte bezeugen
von Hunger und Seuchen geplagte Männer, deren
dünne und zerfetzte Lumpen die abgemagerten
Knochen verhüllen. Nicht nur schwer ist das Leben im Militär, es ist auch kurz. Eine schwedische
Studie hat ergeben, dass der Söldner im Schnitt 3
Jahre und 4 Monate Krieg überlebt. Bei mehr als
dreißig Jahren ist das eine ernüchternde Erkennt-
nis. Doch wie können Sie sich die Unglücklichen
vorstellen, die zu einem schweren Schicksal ver-
dammt sind?

Mit dem Aufkommen des „Militärunterneh-
mens" wächst die Bedeutung von Söldnern. Sie
kommen aus allen Ländern, darunter Schottland,

Irland und Italien, um sich dem Kriegstreiben gegen ein sicheres Gehalt anzuschließen. Oft tragen sie bunte Kleidung, die mit Federschmuck aufgewertet oder mit Verzierungen geschmückt ist. Dadurch distanzieren sie sich von der Zivilgesellschaft, zu der sie sich meist nicht zugehörig fühlen. Ihre Ausrüstung müssen sie, sofern sie keine eigene mitbringen, gegen hohes Geld selbst erwerben. Besonders beliebt ist der Vorderlader als Waffe der Wahl. Das Tagebuch eines Söldners, der für die katholische Armee im Heiligen Römischen Reich gekämpft hat, ist uns erhalten geblieben. Seine Notizen fassen sein Leben zusammen und geben uns Einblick in den Werdegang des Fußsoldaten.

Peter Hagendorf ist der Name, mit dem das heute noch erhaltene Tagebuch in Verbindung gebracht wird. 1627 tritt er der katholischen Armee gegen 4 Taler im Monat bei. Er schreibt sofort über das, was ihn bewegt. 1631 wird er Zeuge von der Zerstörung Magdeburgs. Sein Beitrag ist gering, schon zu Beginn der Eroberung wird er von zwei Schüssen schwer verwundet. Peter kann sich glücklich schätzen, denn er überlebt nicht nur die Verletzungen, sondern erlangt durch seine

Fähigkeit, schreiben und lesen zu können, eine Stelle als Listenschreiber in einem Lazarett. Somit bleiben ihm die kommenden Schlachten erst einmal erspart. Dennoch fordert der Dreißigjährige Krieg einen harten und traurigen Tribut von ihm. Der Söldner, der während seines Dienstes um die 22.500 km Fußmarsch hinter sich brachte und Zeuge von diversen Gräueltaten geworden ist, verliert in den letzten Jahren des Meuchelns und Morden ganze sieben seiner neun Kinder.

MIT DEM TROSS

Die Vorstellung, dass ausschließlich Männer an den Schlachten teilnehmen und das hinterbliebene Land plündern, ist überholt. Ein bunter Haufen an Zivilpersonen ist immer mit dabei, wenn zum Schwert gegriffen wird. Darunter in üppiger Anzahl auch Frauen. Der sogenannte „Tross" ist dabei ungemein vielseitig und kümmert sich um die Versorgung der Soldaten. Er zieht immer mit dem Heer und kann seine Größe sogar um das 3- bis 4-Fache übersteigen. Im Tross finden sich verschiedene Berufsgruppen zusammen. Logistiker, Ärzte und Handwerker, aber auch Marketender und

Bierbrauer sind für die Bedürfnisse der Truppen zuständig. Marketender kümmern sich im Mittelalter um die privaten Gebrauchsgegenstände der Soldaten. Feldschmiede versuchen, die Qualität der Waffen zu erhalten, während Sudler brauchbare Mahlzeiten herstellen. Barber kümmern sich um die hygienischen Bedürfnisse und Prediger decken den Drang nach geistlicher Präsenz. Unter das Volk mischen sich auch Wahrsager und Esoteriker sowie Flüchtlinge und Prostituierte. Natürlich ist der Tross außerdem in ständiger Gesellschaft zahlreicher Nutztiere, die mit ihm ziehen.

Interessant sind vor allem die sogenannten „Soldatenfrauen". Diese Frauen warten nicht zu Hause auf die erhoffte Rückkehr ihrer Ehemänner, sondern ziehen samt Familienangehörigen mit ihnen mit. Sie kümmern sich um das Zelt, die nötigsten Haushaltsarbeiten und um die mitgebrachten Kinder. Gelegentlich kommt es auch vor, dass die Frauen sich am Beutemachen beteiligen und die Verwesenden auf den Schlachtfeldern plündern.

FRAUEN IM KRIEG – ELISABETH GEMMEROTH UND DIE ENTDE-CKUNG DER UNMENSCHLICHKEIT

Elisabeth Gemmeroth lebt in einem Tross. Die Offiziersfrau erfüllt dabei all die Pflichten, die sie für eine damalige Ehefrau als selbstverständlich versteht. Und wären da nicht die Gefechte und Seuchen, dann würde sie vielleicht den Eindruck bekommen, ein ganz normales Leben zu führen. Doch das Heer marschiert und der Tross hinterher. Von Rostock über Italien zurück nach Stendal läuft die unendliche Schlange an Menschen und bringt Schlacht für Schlacht hinter sich. Wie bei den meisten vom Krieg geraubten Menschen ist über Elisabeth Gemmeroths Leben nicht viel überliefert. Von der Existenz ihrer Kinder zeugen lediglich ihre an 4 verschiedenen Orten gefundenen Gräber, lediglich ein Sohn überlebt. Und Elisabeth? Sie stirbt in der Schlacht. Als das Gefecht zwischen dem Reich und den Schweden bei Wittstock wütet, versucht die Soldatenfrau zu fliehen. Da sie den Weg nicht kennt, gerät sie mitten in das Getümmel und erleidet eine tödliche Wunde. Ihr Herzschlag legt sich am 04. Oktober

1636 zur Ruh. Von ihrer Geschichte erzählt eine Predigt, die anlässlich ihrer Bestattung verfasst wird.

Doch was geschieht mit denjenigen Frauen, die zu Hause geblieben sind? Stellen Sie sich vor, sie sind eine Frau im Dreißigjährigen Krieg. Bestimmt fragen Sie sich, welche Auswirkungen der Krieg auf einen hat. Kurz gesagt, Sie sind auf sich allein gestellt. Es sind Frauen, die die vermutlich übelsten aller Verbrechen an der Menschlichkeit spüren müssen. Insbesondere Klosterbrüder liefern Eindrücke von dem Schrecken, den die gewalttätigen Soldaten in den Dörfern und Städten vertreiben. Sie erzählen von massenhaft Vergewaltigungen, von denen eine nicht unerhebliche Zahl zum Tode der unschuldigen Frauen führt. Wer nicht bis zum letzten Atemzug geschändet wurde, wird verstümmelt, ertränkt oder seinem Trauma überlassen. Frauen, die das Glück haben, von den brutalen Übergriffen verschont zu bleiben, müssen dabei zusehen, wie sich ihr gesamtes Hab und Gut in Luft auflöst. Immer dann, wenn Soldaten in einer Region bleiben, verbrauchen sie eine untragbare Menge an Vorräten, die sie sich notfalls mit Gewalt von den umliegenden Dörfern und Städten nehmen. Es gibt Dörfer, die um die 18-mal von einer solchen Plünderung heimgesucht werden.

EINE NATION BRENNT

Hexerei! Sie sind angeklagt. Plündernde Soldaten, Hunger und tödliche Seuchen machen Ihnen das Leben zur Last, und jetzt bezichtigt man Sie auch noch der Hexerei. So unverständlich Ihnen die Argumentation Ihres Anklägers auch vorkommen mag, die Chance auf Rettung ist gering.

Für die Frauen im Heiligen Römischen Reich Deutscher Nation ist die Situation besonders fatal. Noch nie zuvor prägten so viele ausgebrannte Scheiterhaufen die Silhouetten deutscher Dörfer. Hier exekutiert man die meisten Hexen auf der ganzen Welt. Sicherlich hängt die verstärkte Suche nach Sündenböcken mit den Missernten, den Pandemien und den Schrecken des Krieges zusammen, denn um die 1520er hatten sich die kaltblütigen Prozesse nach der Reformation überwiegend gelegt. Die Hexenverfolgung ist kein staatliches Gebot. Die autonome Verwaltung der meisten Regionen erlaubt eine unkontrollierbar vollzogene

Selbstjustiz. Die Bevölkerung orientiert sich am prominenten „Hexenhammer" des Geistlichen Heinrich Kramer. In ihm verbreitet er seine Ideen über die Symptome von Hexerei, wie man mit einer Hexe umzugehen habe und welchen Verlauf ein Hexenprozess annehmen solle. Ihnen kommt das Werk nicht zu Hilfe. Mit hoher Wahrscheinlichkeit können sie nicht lesen, lateinisch sowieso nicht. Und so bleiben Ihnen auch wenig Möglichkeiten, sich vor der willkürlichen Verfolgung zu schützen. Folgt man Kramers Anweisungen, können Sie sich einen typischen Hexenprozess auf diese Weise vorstellen. Zuerst muss eine Person als vermeintliche Hexe oder Hexer angeklagt werden. Oft spielen dabei auch persönliche Dispute eine große Rolle. Die angeklagte Person landet dann in der Haft und muss in kalten Kerkern oder Zellen auf Weiteres warten. Darauf folgt das Verhör, meist in drei Phasen der Befragung, bei der meist von Folter Gebrauch gemacht wird. Auch eine Hexenprobe ist möglich, die das dämonische Bündnis mit dem Teufel aufdecken soll. So oder so wird den Opfern meist ihr Geständnis erzwungen. Bevor man die Hexe verbrennt, wird sie meist noch ausgefragt, ob sie über andere Hexen

Bescheid wisse. Eine Gelegenheit, sich an Personen zu rächen oder vergebens auf eine Minderung der Strafe zu hoffen.

Im Dreißigjährigen Krieg fallen um die 25.000 Unschuldige den Exzessen des Hexenwahns zum Opfer. Hochburgen sind unter anderem Bamberg und Würzburg. Neben Frauen sterben auch ein paar Männer. Ihre Namen werden meist mit ihrer Asche vom Wind verweht.

Über einen Namen jedoch schreibt die Wissenschaftsjournalisten Eva-Maria Schnurr. Auch wenn es selten vorkommt, nicht immer endet ein Hexenprozess tödlich. Der Name ist Christine Meurer. Sie ist Wirtin im Gasthaus des Schwanes. Von ganzen 19 Bürgern der Kleinstadt Büdingen wird sie für Hexerei und Zauberei angeklagt. Von mehreren Foltermethoden macht der Scharfrichter Gebrauch, um das Geständnis aus Christine herauszubringen. Aber Christine bleibt stark und das macht sie zu einem Sonderfall in der Geschichte. Trotz des Aufhängens an einem Flaschenzug, der ihr die Schultergelenke auskugelt, und auch trotz der Daumenschraube, die ihr die Knochen zersplittert, weigert sich Christine. Den Vorwurf, sie sei eine Hexe, erkennt sie nicht als richtig an. Tatsächlich gibt das Gericht auf. Christine darf bzw. muss das Land verlassen. Die einzige Voraussetzung: Über den Prozess darf Christine niemals reden. Die Beamten fürchten einen Racheakt der Frau, die sie noch immer für eine Hexe halten.

KLÄNGE DER HOFFNUNG

Was empfinden Sie für Literatur? Fällt es Ihnen schwer, Gedichte zu lesen, oder berühren Sie die verblümten Aussagen? Gedichte und Lieder sind ein wichtiges Zeugnis vergangener Welten. Sie berichten eigentlich immer von den Gedanken, die eine Gesellschaft oder Individuum bewegen.

Mit einem Dichter während des Dreißigjährigen Krieges hat sich der Journalist Michael Sontheimer befasst. Es ist der evangelische Pfarrer Paul Gerhardt. Geboren wird der baldige Dichter im März 1607. Er ist also erst elf Jahre alt, als die katholischen Statthalter aus dem Fenster der Hradschin-Burg geworfen werden und der Krieg in Europa allmählich ausbricht. Den Großteil seines Lebens also begleitet ihn das Unheil. Sein Leben prägt schon früh der Verlust. Noch in seiner

Jugend versterben die Eltern, die Geschwister finden etwas später über die Pest ihren Tod. 15 Jahre lang studiert der Alleinstehende Theologie, bevor er 1643 nach Berlin zieht, wo er seine christlichen Lieder schreibt. Er dichtet über den Glauben und die Hoffnung. Seine Lieder vermitteln durch ihre Unbeschwertheit Hoffnung. Besonders versucht der Pfarrer, seiner Frau bei ihrer Depression zu helfen, nachdem ihr gemeinsamer Sohn gestorben ist.

Doch die Lieder Pauls finden schnell weitere Zuhörer. In evangelischen und katholischen Liedbüchern sind seine insgesamt 139 Lieder überliefert. Hoffnung, schon immer das wichtigste Gut, um eine Krise zu überstehen. Es ist die Hoffnung das Einzige, was die Pandora den Menschen überlässt, nachdem sie alles erdenkliche Elend über die Menschen bringt. Sie findet sich in Paul Gerhardts Liedern verkörpert. Er dichtet:

„Wie dir's und andern oft ergehe,
Ist ihm wahrlich nicht verborgen;
Er sieht und kennet aus der Höhe
Der betrübten Herzen Sorgen.
Er zählt den Lauf der heißen Tränen
Und fasst zuhauf all unser Sehnen."

> **Tipp**:
> Literatur: Lesen Sie den „abenteuerlichen Simplicissimus". Der zeitgenössische Roman gibt weitere Eindrücke vom Leben und Fühlen während des Dreißigjährigen Kriegs

Eine neue Welt

Jahre über Jahre vergehen, Dörfer werden gerodet und ganz Städte verschwinden unter der vernichtenden Gewalt des Dreißigjährigen Kriegs. Die Plage durch Brutalität und Seuchen scheint die europäischen Länder nicht mehr verlassen zu wollen. Doch so groß der Kriegsdurst und die Sturheit der Parteien auch sein mag, die vielen Strapazen treiben den Kontinent schließlich zur Kriegsmüdigkeit. Trotzdem dürfen Sie sich den Frieden nicht als greifbares Ziel vorstellen. Einem endgültigen Frieden stellen sich verschiedene, von weiteren Schlachten begleitete Jahre der schwermütigen Verhandlungen in die Quere.

WO ALLES BEGANN

Die erste Hoffnung auf ein Ende des Leids entflammt ausgerechnet auf deutschem Boden, der wie kein anderer von der gewaltsamen Zerstörung des Kriegs gezeichnet ist. Vermutlich genau aus diesem Grund kommt es hier zum ersten Schritt in Richtung europäischer Waffenstillstand. Keine Bevölkerung ist so erschöpft wie die Deutsche. Das Heilige Römische Reich Deutscher Nation ist nicht nur Schauplatz eigener, sondern seit neuesten Entwicklungen auch der Konflikte zwischen Schweden, Frankreich und Spanien.

Um den Beginn eines universalen Friedens zu markieren, schließen Kaiser Ferdinand II. und Kurfürst von Sachsen Johann Georg einen Frieden in Prag. Zuvor war Sachsen Bündnispartner Schwedens gewesen. Nach dem Tod ihres Königs distanziert sich das Kurfürstentum von den Schweden. Johann Georg wollte dem eigensinnigen Kaiser eine militärische Lektion erteilen, einem ausländischen Herrscher im Reich ist der Kurfürst hingegen abgeneigt. Der Tod Gustav Adolfs, mit dem er höchstpersönlich das Bündnis eingegangen ist, dient Johann Georg als

Begründung zur Auflösung dessen. Aus diesem Grund nähern sich Kaiser und Kurfürst, sodass es am 30. Mai 1635 zur Unterzeichnung des Friedens in Prag kommt. Das Erstaunliche am Prager Frieden sind seine für damalige Zeiten innovativen Umstände, denn obwohl der Friede eigentlich nur zwischen zwei Personen getroffen wird, gilt das bedeutende Dokument für das gesamte Reich.

Den evangelischen Reichsständen wird dringend die Anerkennung des Friedens empfohlen. Genügend tun dies auch. Seit mehreren Jahrzehnten kommen die Konflikte zwischen den Parteien im Reich erstmals wieder zur Ruhe. Der Reichsfriede gilt als wiederhergestellt. Die Nachricht wird über Druckmedien in alle Richtungen verteilt und erklärt den Reichsständen und Fürsten die Legitimation des Friedens. Zugeständnisse gibt es sowohl auf katholischer als auch auf evangelischer Seite. Alle Sonderbündnisse werden aufgelöst und die Streitkräfte des Reichs versammeln sich wieder hinter dem Kaiser, um eine große Reichsarmee zu formen.

Doch damit nicht genug. Besonders der sächsische Kurfürst Johann Georg bemüht sich, die Schweden vom Prager Frieden zu überzeugen, denn auch ihnen wird der Waffenstillstand angeboten. Jedoch hat sich die Situation geändert. Durch ihre jüngst entstandene Verpflichtung zum antihabsburgischen Frankreich verzichten die Schweden darauf, dem Prager Frieden beizutreten. Damit zerbricht der Universalfriede. Eine neue Ära des Kriegs entfaltet sich aus den Spannungen zwischen Frankreich und Spanien, die die bisherigen Kriegsausmaße noch übertreffen sollen. Besonders Deutschland leidet unter dem gnadenlosen Gebrauch als Kriegsschauplatz.

ZWISCHEN MORDEN UND DINIEREN

Fünf Jahre lang dauert der Krieg noch an, bevor der Ausblick auf einen europäischen Frieden entsteht. Die neu entfachte Kriegsperiode treibt besonders Deutschland in die Erschöpfung. Ausdrücklich fordern die Reichsstände und Fürsten des Reichs den Kaiser auf, sich den anstehenden Friedensverhandlungen anzuschließen. Mit der neuen Reichsarmee ist es Kaiser Ferdinand III. in den Sinn gekommen, einen Sieg des Heiligen Römischen Reichs doch noch für möglich zu halten.

Anders die Adligen unter seiner Krone. Sie bringen den Kaiser unter hartnäckiger Bearbeitung zur Unterzeichnung des Hamburger Präliminarfriedens 1641. Die Tore öffnen sich für ein neues Kapitel in Europa, das bitter nötig ist. Ohne die Zugeständnisse des Kaisers, Frieden zu machen, ist das Überleben der gesamten deutschen Nation bedroht, die ohnehin schon die Hälfte ihrer Bevölkerung verloren hat.

1644 beginnen die Friedensverhandlungen in Osnabrück und Münster, nachdem endlich alle Vertreter der Kriegsparteien eingetroffen sind. Darunter vor allem Kaiser Ferdinand III., die Fürsten und Reichsstände, Schweden, Frankreich und sogar die Niederlande und Spanien.

In Osnabrück verhandelt der Kaiser überwiegend mit den Schweden und den noch verbündeten Evangelisten, während er in Münster auf Frankreich trifft. Als der Frieden ausgehandelt wird, herrscht dennoch Krieg. Besonders Schweden, Frankreich und Spanien versuchen, durch zeitgleiche Schlachten Gewinne zu erzielen, die ihre Forderungen und Standpunkte in den Verhandlungen unterstützen. Weiterhin sterben Soldaten auf den Schlachtfeldern und weiterhin müssen sich die Bürger und Bürgerinnen der Belastung durch Plünderung und von Verwesung angelockten Seuchen stellen, wohingegen die diskutierenden Vertreter ihrer Nationen luxuriöse Quartiere beziehen und mit Goldgeschirr vom Teller essen. Die Verhandlungen sind so prunkvoll, dass beinahe alle Nationen in tiefe Schulden geraten. Es wundert nicht, dass die Korruption bei dem Zusammentreffen nicht zu kurz kommt. Gewisse Forderungen lassen sich nur durch eine angemessene Mitgift akzeptieren.

Vom Kaiser erwarten die Reichsstände eine Auflösung des Bündnisses zu Spanien, um Frankreich zu beschwichtigen. Mit Schweden herrscht im Reich tatsächlich schon 1645 Frieden, weil es sonst die wichtige Reichsstadt Dresden besetzt hätte. Spanien gesteht den niederländischen Provinzen im Januar 1648 ihre Unabhängigkeit zu. Von besonderer Bedeutung sind auch die Beschlüsse, dass alle Konfessionen im Reich zukünftig als gleichrangig gelten. Ausgesprochen hilfreich beim Vertragsentwurf ist der kaiserliche Staatsmann Maximilian von und zu Trauttmansdorff, der ein Geschick dafür beweist, zwischen den Nationen zu versöhnen und zu vermitteln. Nur bei Spanien trifft er auf verhärtete Fronten.

Dennoch kommt es nach mehreren Jahren Friedensverhandlungen, bei denen man das immer noch exorbitante Kriegsgeschehen nicht unterschätzen darf, am 24. Oktober 1648 zur Unterzeichnung des Westfälischen Friedens und zur offiziellen Beendigung des Dreißigjährigen Kriegs. Erst 9 Tage nach der Einigung endet auch das letzte blutfordernde Gefecht in Böhmen. Beinahe ist die europäische Bevölkerung in ihrer bisher schrecklichsten Katastrophe untergegangen.

Zwar verbreitet die Nachricht über den Friedensschluss generelle Freude, doch lange herrscht noch Angst vor einem möglichen, weiteren Kriegsausbruch. Der Krieg ist zwar offiziell beendet, doch die ganzen Söldner sind immer noch im Land geblieben. Und während die Bevölkerung begeistert vom Frieden spricht, zeigt Frankreich weniger Euphorie. Die Bourbonen sind aber gerade auch mit dem Bürgerkrieg beschäftigt.

Woran aber liegt es, dass man trotz Kriegsmüdigkeit 30 Jahre lang gegeneinander in die Schlacht zieht? Immerhin haben die deutschen Bürger schon seit Kriegsbeginn für Frieden plädiert. Und selbst erfolgreiche Militärführer wie Wallenstein haben sich bald friedsam gezeigt. Ein grundlegendes Problem vergangener Kriege ist das Konzept des „Ehrenvollen Friedens". Dabei geht es nicht wie beim heutigen Verständnis um den sofortigen Waffenstillstand, sondern um das Aushandeln der eigenen politischen Interessen. Von größter Bedeutung war dabei meist die militärisch brauchbare Lage. Friede kann sozusagen dann herrschen, wenn die Nation in der Theorie zu einem weiteren Kriegsausbruch in der Lage wäre. Dadurch, dass jede Nation ihre eigenen Vorstellungen von einer militärisch gerechten Ausgangssituation hat, verschiebt sich die Einigung über einen Frieden nach hinten. Erst 1645 kann sich zum Beispiel der Kaiser, dessen Bevölkerung die meisten Tode erlitt, von Dresden und Wien dazu bewegen lassen, die eigenen Ansprüche herunterzuschrauben und die Bedürfnisse der anderen Nationen zu beachten.

Historiker beurteilen den Westfälischen Frieden heute unterschiedlich. Was alle für progressiv halten, ist der Gedanke, dass es keinen Oberherrscher über Europa geben kann. Das System der Mehrstaatlichkeit, wie wir es heute kennen, wird akzeptiert. Doch es wird auch kritisiert, dass es nicht zu einem, wie angestrebt, ewigen Frieden gekommen ist. Spanien und Frankreich kämpften noch weiter und besonders tolerant zeigten sich die Nationen in den kommenden Jahren auch nicht. Trotzdem finden wir die Diplomatenversammlung als ein wiederkehrendes und prägendes Element zukünftiger Friedensverhandlungen, wie zum Beispiel beim Wiener Kongress Anfang des 19. Jahrhunderts.

MARKUS NEUSTEDT

Was übrig bleibt

Drei Jahrzehnte verwüstet der Vernichtungskrieg Europa und hinterlässt nichts als blasse Erinnerungen an halbwegs friedliche und vertraute Lebenswirklichkeiten. Was bleibt einer Bevölkerung, die Zeuge der dunkelsten Stunde ihres Daseins geworden ist? Die Folgen des Kriegs üben sich verheerend auf die damaligen und kommenden Generationen aus.

FOLGEN

Nichts etabliert sich im Krieg ausdrücklicher als die Allgegenwärtigkeit des Todes. Das Leben im

Mittelalter ist vor dem Dreißigjährigen Krieg schon mit Vorsicht zu genießen. Soll heißen, der Tod ist nichts Neues. Zwar können Wunden im 16. Jahrhundert schon gut geheilt werden, doch wenn die Krankheit eine Ursache hat, die die Ärzte nicht sofort sehen können, vertraut man meist auf religiöse Behandlungsmethoden. Deshalb wundert es nicht, dass es eine hohe Sterblichkeitsrate unter den Menschen gibt, die an „unsichtbaren" Krankheiten leiden. Im Vergleich mit den Auswirkungen des Dreißigjährigen Kriegs wirkt diese Anzahl aber verschwindend gering. Von der gesamten Bevölkerung Europas, besonders Mitteleuropas, fallen um die 40 % den Konsequenzen des Kriegs zum Opfer. Es gibt sogar Gebiete, in denen bis zu 70 % der ursprünglichen Bevölkerung sterben.

Es kommt zu einem kollektiven Trauma, das sich in manchen Gebieten, wie zum Beispiel Magdeburg, über mehrere Generationen hält. Ausgesprochen anschaulich zeigt sich die hinterbliebene Verwüstung in Böhmen. Schätzungsweise 1000 Dörfer werden hier niedergebrannt. Dazu reihen sich ca. 250 Burgen und ganze 100 Städte. Die Menschen sind gezeichnet von den Schrecken, die sie beobachten müssen. Ein englischer Bericht aus

1636 zählt unter anderem folgende Grausamkeiten durch Soldaten auf: Neben Vergewaltigung und Hexenverbrennung treten auch das Zerdrücken des Schädels, das Aufhängen von Menschen über einem Feuer, das Bearbeiten des Gesichts mit Meißel und Hammer sowie der Schwedentrunk auf. Dabei wird dem Opfer eine Mischung aus Jauche und Kot in den Mund geführt, die furchtbare Verätzungen im Magen auslöst und nicht selten tödlich endet.

Eingerissene Häuser, zur Unfruchtbarkeit ausgemerzte Felder und abgewetzte Vorräte tragen zur Krise während und nach dem Krieg bei. Eine der größten Plagen bleibt der Hunger. Neben der noch immer andauernden Eiszeit verhindern die brachen Felder das Anbauen grundsichernder Lebensmittel. Quellen sollen sogar davon berichten, dass es in besonders betroffenen Gebieten zum Kannibalismus kommt.

Während Frankreich und Großbritannien eher glimpflich davonkommen, verläuft die Entwicklung in Deutschland schwerfällig. Anders als die großen Staaten braucht das Reich ein Jahrhundert, um sich zu erholen. Erst gegen 1700 steigt die Bevölkerungszahl wieder an. Aber auch im Reich gibt es Orte, die vom Krieg profitiert haben. Hamburg und Bremen zum Beispiel verdienen neben Straßburg, der Schweiz und den Niederlanden als Zuflucht für deutsche Flüchtende dazu. Die gesamten Handelswege Europas fokussieren sich verstärkt auf den Westen, wo ein besseres Leben möglich ist.

Auch für die Ständegesellschaft im Heiligen Römischen Reich trägt der Krieg Konsequenzen. Dabei sieht sich vor allem der Adel bedroht. Durch das vermehrte Entfallen von Landeshoheiten und den schwierigen Schutz des eigenen Guts während des Kriegs verliert der Adel an Macht und Autorität. Besonders evangelischen Adligen fällt es zunehmend schwer, ihre Familien zu versorgen. Das durch den Westfälischen Frieden geförderte Justizbewusstsein sorgt außerdem dafür, dass die Adligen zu mehr Bürokratie verpflichtet sind als vorher. Begehen die Untertanen gegen den Gutsherren Unrecht, muss die Sache erst einem Prozess unterliegen und kann nicht wie vorher mit blinden Drohungen oder Sanktionen gehandhabt werden. Außerdem sorgen sich die Adligen vor dem neuen Selbstbewusstsein der Bauern, das mit ihrer Bewaffnung im Krieg zusammenhängt. Verstärkt sehen sich die Adligen gezwungen, in den Fürstendienst einzutreten. Dadurch werden sie abhängiger und stärken gleichzeitig die Bedeutung des Fürstenstandes. Vor allem für den Wiener Kaiserhof ist das eine profitable Anlage. Er vergibt Gebiete – meist aus dem Osten, insbesondere Böhmen – an Adlige und verschafft sich so ein starkes, wirtschaftliches Bündnis. Auch der Wiener Kaiserhof gehört zu den wenigen, die mit Gewinn aus dem Krieg herausgehen.

Für das Leben auf dem Land fällt es noch deprimierender aus. Obwohl die Bewaffnung der Bauern zur Unterstützung einer selbstständigeren Haltung führt und auch der Erwerb eines Hofes kurze Zeit erleichtert ist, bleibt das Landleben ertragsarm und undankbar. Das liegt vor allem an dem Mangel brauchbaren Lands. Deswegen flüchten sie in Städte, wo sie sich eine einigermaßen brauchbare Grundsicherung erhoffen. Problematisch sind die heftigen Seuchenwellen, die sich vor allem in den Gassen der Straßen verbreiten und es auf dem Land schwerer haben. Das macht die Entscheidung, vom Land in die Stadt zu flüchten, nicht einfach.

In den Städten kommt es dank der zahlreichen Fluchtströme häufig zur Überbevölkerung. Das zerstört die etablierten Wirtschaftssysteme, indem es zu einem Überschuss an Arbeitskräften kommt, wobei die Versorgung der vielen neuen Bürger und Bürgerinnen nicht gewährleistet ist.

GEIST DES DESASTERS

Der Dreißigjährige Krieg verankert sich lange im Bewusstsein der Menschen und verstört sie mit schrecklichen Erinnerungen oder Sorgen vor erneuten Konfliktausbrüchen. *Memento mori* und *Vanitas* werden zu Hauptpfeilern der barocken Kunst und Dichtung und zeugen von den Furcht einflößenden Eindrücken vom Dreißigjährigen Krieg. Auch Friedrich Schiller schreibt über die Katastrophe und verfasst sogar ein Theaterstück über Wallenstein. Der Krieg führt seinen Schrecken im Geist der Nation fort. „Krieg der Kriege" nennt ihn der Historiker Johannes Burkhardt. Die Gänze seiner Grausamkeit verpackt der Dichter Andreas Gryphius in zur Ehrfurcht verleitenden Versen seines „Tränen des Vaterlands":

„Hat aller Schweiß und Fleiß
und Vorrath auffgezehret.
Die Türme stehn in Glutt,
die Kirch ist umgekehret.
Das Rathauß ligt im Grauß,
die Sarcken sind zerhaun.
Die Jungfern sind geschänd't
und wo wir hin nur schaun
Ist Feuer, Pest und Tod" ~ um 1636/37

Tipp:

Barocke Gedichte zeugen oft von der Erinnerung an den Tod. *Memento mori* bedeutet so viel wie „sei Dir Deiner Sterblichkeit bewusst". *Vanitas* soll als ständige Erinnerung an den irdischen Zerfall dienen.

Lesen Sie sich barocke Gedichte durch. Die ständige Präsenz eines düsteren Untertons wird Ihnen sicherlich oft begegnen. Sie sind ein Stück Erinnerungskultur

Herstellung und Verlag:

BoD – Books on Demand, Norderstedt

ISBN: 9783756206926

© Markus Neustedt 2022

1. Auflage

Kontakt: Psiana eCom UG/ Berumer Str. 44/ 26844 Jemgum

Covergestaltung: Fenna Larsson

Coverfoto: depositphotos.com